AF201011

Mit Ausdauer und Gelassenheit entwickelst du Bärenkräfte.

Kathrin Wibbing

Schöne Worte im Yogaunterricht

Texte zu Atembeobachtungen, Körperreisen und Phantasiereisen für den Yogaunterricht

Zur Autorin:
Kathrin Wibbing ist Meditationsleiterin,
Yogalehrerin und praktiziert Yoga seit 2008.
Sie bietet regelmäßig Meditationen in Pader-
born sowie Live-Meditationen im Internet an.
Weitere Informationen sind unter
www.w-in-flow.de zu finden.

**Bibliografische Information der Deutschen Na-
tionalbibliothek:**

Die Deutsche Nationalbibliothek verzeichnet diese
Publikation in der Deutschen Nationalbibliografie;
detaillierte bibliografische Daten sind im Internet
über http://dnb.dnb.de abrufbar.

© 2019 Kathrin Wibbing

Schöne Worte im Yogaunterricht

*Verlag: BoD · Books on Demand GmbH,
In de Tarpen 42, 22848 Norderstedt
Druck: Libri Plureos GmbH, Friedensallee 273,
22763 Hamburg*
ISBN: 978-3-7481-9175-9

Inhaltsverzeichnis

Einleitung

Ich begrüße dich ganz herzlich in diesem Buch.
Es enthält eine Sammlung von verschiedenen
Texten, die von dir als Yogalehrer*in im Unter-
richt zur Anleitung von Entspannungssequen-
zen sowie Meditationen verwendet werden
können.

Aus meiner eigenen Yogapraxis weiß ich, wie
bereichernd schöne Texte beim Yoga üben sein
können. Daher bereitet es mir eine große Freude diese Texte mit dir zu teilen und hoffe, dass
sie deinen Yogaunterricht bereichern werden.

Die Geschichten entspringen meiner
Phantasie. Ich lasse mich von Erlebnissen,
Begegnungen mit Menschen und Reisen dazu
inspirieren.

Du findest in diesem Buch verschiedene Anleitungen, um Atembeobachtungen anzusagen
sowie Körperreisen durchzuführen. Außerdem
enthält das Buch verschiedene Phantasiereisen.
Den Abschluss bilden die Texte, die du verwenden kannst, um deine Teilnehmer aus einer
Entspannung oder Meditation gut wieder in das
Alltagsbewusstsein zurückzuführen.

Lies die Texte mit ruhiger und langsamer
Stimme. Gib den Teilnehmer*innen genügend

Raum und Pausen, um den Anleitungen folgen zu können.

Die Texte sind vom Layout so aufgebaut, dass sie dir die Pausen anzeigen. Beginnt der Text in einer neuen Zeile, solltest du ungefähr einen Atemzug lang pausieren. Die Pause von einer ganzen Zeile sollte etwa drei bis fünf Atemzüge lang sein. Längere Pausen werden mit *[längere Pause]* gekennzeichnet. In diesem Fall kann die Pause gerne mehrere Minuten lang sein. Der kursiv geschriebene Text sind Regieanweisungen für dich, die natürlich nicht mit vorgelesen werden. Auch die Überschriften dienen lediglich der Strukturierung im Buch.

Am besten nimmst du die Texte mit deinem Smartphone auf und hörst sie selber mit geschlossenen Augen an. So bekommst du die beste Rückmeldung, welches Tempo angenehm ist.

Bitte verwende die Texte nur, wenn du bereits Erfahrung mit dem Leiten von Gruppen hast. Im Idealfall hast du eine abgeschlossene Yogalehrer- und/ oder Meditationsleiterausbildung.

Wenn du tiefer in die Thematik einsteigen möchtest und eigene Texte erstellen lernen möchtest, empfehle ich dir eine Meditationsleiterausbildung bei meinem Lehrer
René Lecoutre in Berlin
(https://meditationsleiter.de/).

Texte für die Atembeobachtung

Dieses Kapitel enthält verschiedene Texte für die Atembeobachtung. Diese können als Einleitung zum Yogaunterricht, zur Entspannung oder zur Einführung in eine Meditation verwendet werden.

Atme Energie ein –
atme Frieden aus.

Atembeobachtungen können auch mit einer anschließenden Körperreise und/oder Phantasiereise kombiniert werden.

Die Atembeobachtungen können sowohl im Sitzen als auch im Liegen durchgeführt werden. Ausnahmen sind gekennzeichnet.

Um eine gute Entspannung bei den Teilnehmern zu erreichen, solltest du die Passagen zum Ausatmen länger anleiten als die zum Einatmen.

Führe nach einer Atembeobachtung die Teilnehmer sanft an die nächste Übung heran. Die Teilnehmer benötigen unterschiedlich lange, um aus einer tiefen Entspannung wieder ins Tagesbewusstsein zurückzukehren.

Fließender Atem

Schließe sanft deine Augen.

Lenke deine Aufmerksamkeit zu deiner Nase
und zu deinen Nasenlöchern.

Fühle den Einatem an deinen Nasenlöchern.

Der Einatem kommt von ganz alleine.

Mit dem Einatem nimmst du frische Energie in dir
auf. Sie breitet sich in deinem ganzen Körper aus.

Fühle einmal.

Lenke deine Aufmerksamkeit nun auf deinen Ausatem.

Auch der Ausatem geht von ganz allein.

Das Alte fließt hinaus und macht so Platz für Neues.

Lass deinen Atem einfach fließen.

Ganz ruhig und gleichmäßig.

Fühle einmal.

Du kannst den Ausatem noch länger und ruhiger werden lassen.

Du kannst die Ruhe in dir spüren.

Fühle die Ruhe.
Sie kann dich im Innern berühren.

Ganz friedlich.

Sanft bewegender Atem

Schließe deine Augen.

Atme ein paar Mal ganz tief und bewusst ein.

Nimm dabei deinen Oberkörper wahr. Er füllt sich mit
Luft und bewegt sich sanft.

Lass den Atem nun wieder fließen.
Er kommt und geht von ganz allein.

Lenke deine Aufmerksamkeit zu deinem Einatem.
Dein Einatem bewegt deinen Körper –
von ganz allein.
Spüre das einmal.

Spüre diese Bewegung in dir.
Nimm es einfach nur wahr.

Mit dem Einatem kommt frische Energie in deinen
Körper.
Die Energie kann sich in deinem Körper verteilen.
Nimm auch das nur wahr.

Du kannst dir auch vorstellen, dass diese Energie
deinen Herzraum belebt.

Und du kannst dich dieser Energie öffnen.

Du kannst dein Herzraum öffnen.

Lenke deine Aufmerksamkeit nun zu deinem Ausatem. Er geht von ganz allein.

Mit deinem Ausatem kannst du Altes, Verbrauchtes abgeben.

Du kannst es loslassen.

Lass einfach los.

Lass dich von deinem Atem in die Ruhe tragen – in eine tiefe Ruhe.

Erfülle dich mit der Ruhe, sodass du sie ganz tief spüren kannst.

Lass den Atem noch ein bisschen ruhiger werden.

Lass ein kleines bisschen mehr los.

Und noch ein bisschen mehr los.

Spüre die Ruhe in dir.

Wirbelsäulenatmung

Schließe sanft deine Augen.

Spüre deinen Atem.

Stell dir vor, du atmest an deiner Wirbelsäule
entlang.
Lenke dafür die Aufmerksamkeit auf dein Steißbein
und wandere gedanklich die Wirbelsäule bis nach
oben zur Stirn.
Verbinde das Aufsteigen mit dem Ausatmen.

Wandere anschließend mit dem Einatmen von der
Stirn über die Wirbelsäule runter zum Steißbein.
Lass dabei den Atem ganz natürlich fließen.

Mit dem Ausatem wanderst du nach oben.
Mit dem Einatem nach unten.

Atme in einem für dich angenehmen Rhythmus.
Das kann schneller oder langsamer sein.

Ausatmen – hoch.
Einatmen – runter.

[längere Pause]

Beende nun die Übung und beobachte deinen Atem.

Raum und Weite im Atem spüren

Schließe sanft deine Augen.

Spüre deinen Atem.

Stell dir vor, du atmest durch dein linkes Nasenloch
ein.
Und durch dein rechtes Nasenloch wieder aus.
Nun durch dein rechtes Atemloch ein.
Und links wieder aus.
Atme so weiter in deinem Rhythmus.

Links ein.
Rechts aus.
Rechts ein.
Links aus.

Lass dabei den Atem fließen.
Er kommt und geht von ganz alleine.

Links ein - Rechts aus.
Rechts ein – links aus.

In deinem gleichmäßigen Rhythmus.
Von ganz alleine.

Links und rechts.
Rechts und links
[längere Pause]

Atme nun wieder durch beide Seiten ein und aus.

Spüre zum Einatem, der in deinen Körper fließt.

Der Atem breitet sich im ganzen Körper aus.
Spüre das.

Mit deinem Einatem fließt Energie in deinen Körper –
in deine Zellen.

Spüre die Zellen deines Körpers.
Sie werden von Energie durchflutet.

Deine Zellen werden durchflutet und erfrischt.

Die Energie reinigt deine Zellen.

Ganz klar und rein.

Klar und rein.

Spüre nun deinen Ausatem.

Mit deinem Ausatem kannst du ein Stückchen mehr
loslassen.

Dein Ausatem kann Altes aus deinem Körper heraus-
spülen.

Fühle das.

Aus deinen Zellen kann es heraus spülen.

Deine Zellen können mit deinem Ausatem mehr loslassen.

Mit dem Loslassen kann mehr Raum in dir entstehen.

Spüre den Raum in dir.

Spüre den Raum in deinen Zellen.

In deinem Körper.

Raum und Weite.

Unendliche Weite.

Fühle die Weite.

Eins werden mit dem Atem – lang und tief

Bei dieser Atembeobachtung bitte viele lange Pausen zum Spüren geben.

Schließe deine Augen.

Spüre zu deinem Atem.

Lass deinen Atem kommen und gehen. Sanft fließend.

Lenke deine Aufmerksamkeit zu deiner Nase.
Und zum Strom des Einatmens an deinen Nasenlöchern.
Spüre den sanften Strom.

Dein Einatem breitet sich im ganzen Körper aus.

Lenke deine Aufmerksamkeit zu deinem Brustkorb und nimm dort die feinen Bewegungen wahr.

Der Atem bewegt dich – ganz sanft.

Spüre die Bewegung.

Lenke die Aufmerksamkeit zu deinem Bauch. Auch hier kannst du die Atembewegungen wahrnehmen. Lass deinen Atem einfach fließen.

Spüre die Bewegungen im Bauchraum.

Mit dem Einatem kommt frische Energie in deinen Körper.
Nimm die Energie wahr.

Die Energie fließt mit dem Atem in deinen Oberkörper und deinen Bauchraum.

Du kannst die Energie als warmes wohliges Gefühl im Bauchraum spüren.

Spüre das warme Gefühl.

Vom Bauchraum aus kann sich die Energie in deinem Körper verteilen:
in deine Beine,
deine Füße,
deine Arme,
deine Hände,
deinen Kopf.

Du kannst im ganzen Körper die Energie fühlen.
Spüre die Energie, die deinen Körper belebt.

Vielleicht kannst du ein leichtes Vibrieren im Körper wahrnehmen.

Fühle die vibrierende Energie in deinem Körper –
in deinen Zellen.

Deine Zellen werden angefüllt mit Energie.

Die Energie kann deine Zellen durchfluten
und reinigen.

Nimm die Reinigung einfach nur wahr.

Lenke deine Aufmerksamkeit nun zu deinem
Ausatem.
Dein Ausatem geht von ganz alleine.

Mit jedem Atemzug kannst du ein Stückchen mehr
loslassen.

Schenke dem Loslassen deine Aufmerksamkeit.

Lass mit dem Ausatem ein Stück mehr los.

Und noch ein bisschen mehr los.

Mit dem Loslassen kann etwas Altes gehen.

Lass einfach gehen, was gehen möchte.

Mit dem Ausatem verlässt Altes den Körper und
schafft so Raum für Neues.

Vielleicht kannst du den Raum, der in dir entsteht,
wahrnehmen.

Spüre den entstehenden Raum in dir.

Überall in deinem Körper kann Raum entstehen.

Spüre den Raum in deinem Brustkorb
– in deinem Herzraum.
Der Raum kann dein Herz weiten.

Vielleicht kannst du wahrnehmen, dass dein Herz sich
weitet und öffnet.
Stell es dir einfach vor.

Du kannst dir vorstellen, dass der Raum sich in dir
weiter ausbreitet.

Bis zu deiner Haut.

Und darüber hinaus in deine Aura.

Bis zur Krone deines Kopfes.

Nimm die Weite über der Krone deines Kopfes wahr.

Dort kannst du dir unendlich viel Weite vorstellen.

Schenke der unendlichen Weite über deinem Kopf
deine Aufmerksamkeit.

Spüre diese Weite.

Du kannst eins werden mit der Weite.

Sat Nam im Atem spüren

Lenke die Aufmerksamkeit auf den Atem.

Verlängere deinen Ausatem.

Sage dir innerlich beim Einatmen: „Sat" und beim Ausatmen „Nam".

Lass den Ausatem mit „Nam" etwas länger fließen als den Einatem mit „Sat".

Sat Nam - Ich bin Wahrheit.

Bleibe in deinem Atemrhythmus
[längere Pause]

Lass den Atem nun wieder fließen.
Ein stetes Kommen und Gehen.

Spüre in deinen Herzraum hinein.

Spüre den Atem in deinem Herzraum.
Dein Atem kann ihn sanft öffnen.

Sage dir in deinem Herzraum: „Sat Nam – Ich bin Wahrheit".

Stell dir nun in deinem Herzraum den Ausblick von einem Berg vor.

Die Weite der Landschaft.

Die Klarheit der Luft.
Ein Gefühl von Freiheit kann in dir entstehen.

Spüre einfach nur.

Stell dir die Weite der Berglandschaft im Herzen vor.

Sat Nam.

[längere Pause]

Bedanke dich bei deinem Herzen und komme zurück
in den Tag.

Körperreisen

Mit Körperreisen können die Teilnehmer ganz bei sich und ihrem Körper ankommen. Du kannst vor einer Körperreise auch zunächst eine Atembeobachtung anleiten.

Sie eignen sich analog zu den Atembeobachtungen sehr gut zum Ankommen in einer Yogastunde, zum Beginn einer Endentspannung oder einer Meditation.

Schenke deinem Körper Ruhe und Erholung.

Während der Körperreise kannst du einen deiner Teilnehmer anschauen und dir vorstellen, wie bei diesem die Ruhe durch den Körper wandert. Dann gelingt dir auch das optimale Tempo beim Sprechen. Das Sprechtempo ist langsamer als du es zum Beispiel von Yoga Nidra kennst.

Auch nach einer Körperreise ist es wichtig, dass die Teilnehmer anschließend in die nächste Übung oder wieder in den Wachzustand zurückgeführt werden. Wähle dazu sanfte Worte und gib deinen Teilnehmern genügend Zeit.

Ruhe im Körper spüren

Spüre einmal zu der Erde, auf der du sitzt.
Die Erde schenkt dir ganz viel Frieden und Ruhe.

Spüre die Ruhe.

Du kannst die Ruhe aufnehmen:
über deine Füße,
deine Fußgelenke,
deine Unterschenkel.
Sie kann weiter aufsteigen zu deinen Knien,
deinen Oberschenkeln,
deinem Gesäß.
Nimm die Ruhe in deinen Beinen wahr.

Nimm auch die kleinen, feinen Bewegungen in
deinem Körper wahr.

Du kannst sie wahr und dankbar annehmen.

Lass die Ruhe weiter aufsteigen –
in deinen Bauchraum.

Hier kann sich ein wohliges, warmes Gefühl breit
machen.

Spüre einmal zu deinen inneren Organen.
Schenke ihnen Aufmerksamkeit.

Lass diese sanfte Ruhe weiter aufsteigen –
zu deinen Schultern,
zu deinen Muskeln in deinen Schultern.

Die Ruhe kann die einzelnen Muskeln berühren.
Spüre die Ruhe in deinen Schultern.

Lass die Ruhe weiterfließen
deine Arme hinunter,
deine Oberarme,
deine Unterarme,
deine Handgelenke,
deine Handflächen,
deine Finger,
zu deinen Fingerspitzen.

Nimm es einfach nur wahr.

Die Ruhe kann weiter aufsteigen
über deinen Nacken,
deinen Hinterkopf,
zu deinem Gesicht,
zu deinem Unterkiefer.

Lass den Unterkiefer los.
Er kann sich jetzt ausruhen.

Deine Zähne können sich ausruhen.
Deine Zunge kann sich ausruhen.

Lass die Ruhe aufsteigen
zu deiner Nase,

zu deinen Augen in deinen Augenhöhlen,

zu dem Punkt zwischen deinen Augenbrauen.
Sage dir hier: Lass los.

Die Ruhe fließt bis zur Krone deines Kopfes.

Spüre einmal die Ruhe in deinem Körper.

Du sitzt hier ganz ruhig.
Nur die leichten Atembewegungen bewegen dich
noch ganz sanft.

Die Ruhe hüllt dich ganz ein.

Du kannst diese Ruhe einfach nur genießen.

Frieden im Körper spüren

Lenke deine Aufmerksamkeit zu deinen Füßen.
Deine Füße liegen ganz ruhig und friedlich auf der
Erde.
Sie sind ganz erfüllt von Ruhe und Frieden.

Spüre den Frieden.

Lass den Frieden in dir aufsteigen
von deinen Füßen
in deine Knöchel,
deine Unterschenkel entlang,
über deine Knie,
zu deinen Oberschenkel,
deinem Gesäß,
zu deiner Hüfte
bis in deinen Bauchraum.

Dein ganzer Bauchraum ist erfüllt von Frieden und
wohliger Wärme.

Die Wärme schenkt deinen inneren Organen ein
wunderbares, angenehmes Gefühl.

Spüre und genieße diese Wärme.

Die Wärme steigt weiter auf bis zu deinen Schultern.

Die Wärme hüllt deine Schultern ein – ein wunderbar
weiches und wohliges Gefühl.
Die Muskeln deiner Schultern können loslassen.

Lass deine Schultern los.

Lass alles los.

Die Wärme fließt an deinen Armen herunter
bis zu deinen Fingern
und Fingerspitzen.

Deine Hände liegen ganz friedlich auf deinen Oberschenkeln.

Fühle den Frieden.

Spüre erneut zu deinen Schultern.
Der Frieden fließt weiter über deine Schultern
zu deinem Kopf,
zu deinem Gesicht,
zu deinem Kinn,
deinen Mund,
deinen Zähnen,
deiner Nase,
deinen Augen,
deiner Stirn,
bis zur Krone deines Kopfes.

Der Frieden hüllt dich vollständig ein.

Fühle den Frieden.

Aufmerksamkeit auf die fünf Sinne

Bei dieser Reise bitte viel Zeit und Raum für das Spüren der einzelnen Sinne geben. Sie eignet sich auch besonders schön als Wahrnehmungsübung für den Yogaunterricht im Freien.

Lenke deine Aufmerksamkeit auf deinen Atem.

Lass den Atem ganz natürlich fließen.

Lenke die Aufmerksamkeit zu deinem Körper –
zu deiner Haut – deinem Tastsinn.
Spüre die Unterlage, auf der du sitzt oder liegst.
Spüre die Auflagepunkte.
Spüre die Kleidung an deiner Haut.
Spüre auch die Luft auf deiner Haut.

Spüre.

Lenke deine Aufmerksamkeit nun zu deinen Augen –
zu deinem Sehsinn.
Schau durch deine geschlossenen Augen.
Du kannst helle und dunkle Bereiche und vielleicht
auch Farbe sehen.

Schau hin.

Lenke deine Aufmerksamkeit zu deiner Nase –
zu deinem Geruchssinn.
Nimm Gerüche, die vielleicht kommen, einfach nur
wahr.
Beobachte die Veränderung der Gerüche.

Rieche.

Lenke die Aufmerksamkeit zu deinem Mund –
zu deinem Geschmackssinn.
Schmecke in deine ganze Mundhöhle.
Nimm den Geschmack einfach nur wahr.

Schmecke.

Lenke deine Aufmerksamkeit nun zu deinen Ohren –
zu deinem Hörsinn.
Lausche den Geräuschen – den lauten und den leisen.

Höre.

Lausche nun auf die Stille hinter den Geräuschen.
Es gibt ein Geräusch – dann gibt es Stille.
Höre auf die Stille hinter dem Geräusch.

Lenke deine Aufmerksamkeit auf deinen Herzraum –
und auf dein Herz.

Höre deinem Herzen zu.

Öffne dich dem unendlichen Raum

Diese Körperreise sollte im Idealfall im Sitzen durchgeführt werden. Zwischen den einzelnen Passagen empfiehlt sich eine längere Pause, damit die Teilnehmer ausgiebig spüren können.

Lenke die Aufmerksamkeit auf deinen Atem. Der Atem kann in seinem natürlichen Rhythmus fließen.

Lenke deine Aufmerksamkeit auf deine Nasenlöcher. Nimm hier den sanften Luftstrom deines Atems wahr.

Wandere mit der Aufmerksamkeit den Luftstrom weiter entlang und spüre den Atem hinten in deiner Kehle.

Spüre.

Nimm nun deinen Brustkorb wahr.
Dein Atem bewegt deinen Brustkorb ganz sanft und von alleine.

Spüre den Atem.

Lenke deine Aufmerksamkeit zu deinem Bauchraum. Vielleicht kannst du auch hier eine ganz leichte Bewegung wahrnehmen.

Spüre den Atem im Bauchraum.

Spüre nun den Boden, auf dem du sitzt. Der Boden ist Mutter Erde, die dir Frieden schenkt.

Du kannst dir vorstellen, dass du dich mit dem Boden unter dir verwurzelst.

Du kannst dich ganz fest verwurzeln mit Mutter Erde.

Lenke deine Aufmerksamkeit nun zur Krone deines Kopfes.

Über deinen Kopf eröffnet sich ein unendlicher Raum.

Der Raum erstreckt sich bis hoch in den Himmel.

Spüre in diesen unendlichen Raum hinein.

Lenke deine Aufmerksamkeit nun wieder auf deine Matte und komme in den Raum zurück.

Lass dich vom Licht durchfluten

Idealerweise wird diese Körperreise im Liegen durchgeführt.

Schließe deine Augen und beschließe dich nicht mehr zu bewegen.

Lenke deine Aufmerksamkeit zu dem Raum unterhalb von deinen Füßen.
Stell dir hier eine strahlendleuchtende, weiße Lichtkugel vor.
Die Lichtkugel ist größer als dein Körper.

Stell dir vor, dass diese Lichtkugel zu deinen Füßen wandert.
Sie hüllt deine Füße vollständig ein.
Stell dir vor, dass das Licht deine Füße vollständig durchflutet.

Stell dir nun vor, dass sich das Licht weiter ausdehnt und deine Unterschenkel, deine Knie und deine Oberschenkel einhüllt und durchflutet.

Das Licht dehnt sich weiter aus und durchflutet deinen Beckenraum und deinen unteren Bauch und Rücken.

Spüre das Licht in deinem Unterkörper.

Das Licht dehnt sich weiter aus und umhüllt deine
Hände und deine Unterarme.

Das Licht wandert weiter hoch und durchflutet deinen Bauch, deinen Herzraum, deinen Rücken,
deine Oberarme, deine Schultern und deinen Hals.

Nimm das Licht in deinem Körper wahr.

Das Licht dehnt sich noch weiter aus und durchflutet
dein Kinn, dein Gesicht, deine Ohren, deinen Hinterkopf bis zur Krone deines Kopfes.

Du bist nun in einem lichtvollen, weißen Kokon.
Spüre das.

Das Licht kann dich vollständig durchfluten und innerlich reinigen. Stell es dir einfach nur vor.

[längere Pause]

Bedanke dich bei dem weißen Licht
und lass es gehen.

Spüre deinen Körper. Atme ein paar Mal tief ein.

Und wenn du so weit bist, komm zurück in den Raum.

Phantasiereisen

In diesem Kapitel findest du unterschiedlich lange Texte für Phantasie- und Traumreisen. Du kannst diese entweder als Einzeltext in der Endentspannung nutzen oder du verwendest sie als klassische Meditation.

Vorab kannst du noch eine Atembeobachtung und/oder eine Körperreise anleiten. In jedem Fall sollten deine Teilnehmer*innen bereits in einem entspannten Zustand sein, wenn du diese Texte anleitest.

Öffne dich der Phantasie deines Herzens

Stelle dir gedanklich die Bilder ebenfalls vor. Je stärker du sie dir selber vorstellst, desto authentischer und klarer kommen sie bei deinen Teilnehmer*innen an.

Lass bei den einzelnen Passagen genügend Raum, damit deine Teilnehmer*innen tief in die Bilder eintauchen können.

Wenn du mit dem Ansagen von Texten bereits gut vertraut bist, kannst du sie auch musikalisch untermalen.

Achte nach der Phantasiereise auf ein sanftes Zurückkommen (siehe Kapitel *Texte zum Zurückkommen, Seite 97*).

Im Lebensfluss auf der Hängebrücke

Stell dir vor, du stehst an einem kleinen Fluss.
Über den Fluss führt eine kleine, stabile Hängebrücke
aus Holz und Seilen. Die festen, dicken Seile sind
kunstvoll miteinander verschlungen.

Du kannst die Brücke betreten

und in die Mitte der Brücke gehen.

Du stehst nun direkt über dem Fluss.

Du kannst von hier auf das Wasser schauen.

Das Wasser fließt über die Steine und den Sandboden
des Flussbettes hinweg.

An manchen Stellen fließt das Wasser schnell –
an manchen Stellen ganz ruhig.

An einigen Steinen bleibt es stecken und es entstehen Strudel –
über manche Steine fließt es ganz leicht hinweg.

Es fließt jedoch stets weiter.

Wenn du magst, kannst du dir vorstellen, dass das
fließende Wasser dein Lebensfluss ist.

An manchen Tagen fließt es schneller –
an manchen Tagen ruhiger.

An einigen Tagen bleibst du vielleicht an Hindernissen
stecken und kommst ins Strudeln –
an einigen Tagen fließt du einfach drüber hinweg.

Du kannst dir sicher sein, dass das Leben stets
weiterfließt und du kannst dich dem Fluss des Lebens
hingeben.

Auflösende Wolken

Stell dir vor, du stehst auf einer herrlichen, sommerlichen Blumenwiese. Wunderschöne bunte Schmetterlinge schwirren umher und fliegen von einer Blume zur nächsten. Die Sonne strahlt vom blauen Himmel – ein paar weiße kleine Wolken ziehen am Himmel entlang.

Es ist ein wunderbar friedliches Bild.

Du kannst dir einen gemütlichen Platz suchen und dich auf die Wiese legen.

Du kannst in den strahlend blauen Himmel schauen und die Wolken beobachten.

Die Wolken bilden verschiedene Formationen:

du kannst kleine Schäfchen erkennen,

ein Babygesicht mit großen Augen,

eine Blume mit riesengroßen Blüten,

ein wunderschönes großes Herz,

ein tanzendes Mädchen in einem Kleid.

Schau sie dir genau an.

Allmählich verändern die Wolken sich.

Die Bilder werden in die Länge gezogen,

werden durchsichtiger

und lösen sich auf.

Der Himmel ist wieder strahlend blau.
Genieße das herrliche Blau.

[längere Pause]

Du kannst nun wieder zurück in den Raum kommen.

Steinmännchen im Wald

Stell dir vor, du stehst an einem kleinen See im Wald.
An der einen Seite des Sees erhebt sich eine große,
erhabene Felsformation. Die Formation spiegelt sich
im Wasser.

Du kannst am See entlang gehen und die Felsen
anschauen. Die riesigen Steinblöcke liegen in
wunderschöner Symbiose nebeneinander
und übereinander.

Die Farbschattierungen reichen von einem hellen bis
zu einem dunklen Grau. Manche Steine sind durchzo-
gen von feinen, silberfarbigen Linien.

Es sieht wunderschön aus.

An einer Stelle gibt es eine breite Lücke zwischen den
Felsen, durch die der Weg hindurchführt.

Du kannst dort weitergehen. An beiden Seiten stehen
die großen Steine als erhabene Säulen.

Auf der anderen Seite führt der Weg leicht bergan
weiter in den Wald. Der Waldboden ist ganz weich
und federt leicht unter deinen Schritten.

An einer Stelle entdeckst du einen Haufen kleinerer
Steine.

Du kannst näher herangehen und siehst, dass hier kleine Steinmännchen gebaut wurden.

Wenn du magst, kannst du dich hinsetzen und dir die Steinmännchen genauer anschauen.

Ein größerer Stein bildet die Beine, ein kleinerer den Rumpf und oben sitzt als Kopf ein weiterer kleiner Stein.

Schau dich einmal um und schau dir alle Steinmännchen an.
Manche stehen alleine.
Manche stehen in kleinen Gruppen.
Es gibt größere und kleinere Männchen.

Es ist wunderschön anzuschauen.

Vielleicht möchten dir die Steinmännchen auch etwas erzählen. Höre einfach hin und nimm dankbar an, was kommt.

[längere Pause]

Es wird nun wieder Zeit zurückzukommen. Du kannst dich bei den Steinmännchen bedanken.

Dann kannst du aufstehen und den Weg zurück gehen - durch die große Felsformation und zum See.

Wir sind nun am Ende unserer Reise und du kannst zurück in den Raum kommen.

Ein Gänseblümchen auf der Wiese

Stell dir vor, du stehst auf einer wunderschönen
Blumenwiese. Es ist ein herrlich warmer Sommertag.
Die Sonne scheint vom strahlend blauen Himmel
herunter.

Auf der Wiese stehen unzählige bunte Blumen –
in allen nur erdenklichen Farben: weiß – gelb – rot –
pink – blau – lila und rosa.
Ein buntes Blumenmeer.

Du kannst näher herantreten und die unterschiedli-
chen Formen und Farben der Blumen sehen.

Du kannst dich hinknien und dir die einzelnen Blumen
anschauen.

An einer Stelle stehen kleine Gänseblümchen – die
weißen Blüten mit ihrer gelben Mitte heben sich klar
und strahlend vom grünen Boden ab.

Du kannst dich auf den Boden legen und dir die einzelnen Gänseblümchen anschauen.

Eins der Blümchen erregt deine Aufmerksamkeit.
Du kannst es dir genau anschauen.

Das gelbe Blütenkörbchen in der Mitte besteht aus unzähligen, einzelnen, klitzekleinen Röhren, die sich zur Sonne strecken. Die länglichen, weißen Blütenblätter strecken sich in alle Richtungen zur Seite.

Dein Gänseblümchen sieht einfach wunderschön und harmonisch aus.
Genieße den Anblick.

[längere Pause]

Du kannst nun langsam wieder aufstehen
und ein paar Schritte zurückgehen.

Dein Gänseblümchen verschmilzt im Bild aller Blumen auf der Wiese.

Dieses kleine Gänseblümchen ist Teil des großen Ganzen und trägt zur Schönheit des Blumenmeeres bei.

Du kannst auch ein Gänseblümchen im Leben sein.

Du kannst dir noch einmal die Wiese mit den wunderschönen bunten Blumen anschauen. Die Sonne scheint herrlich warm vom strahlendblauen Himmel.

Wir sind nun am Ende unserer Reise und es wird langsam Zeit zurückzukehren.

Zurück in den Raum – zurück auf deinen Platz.

Mandala in der Kapelle

Wir unternehmen nun eine kleine Phantasiereise.
Stell dir vor, du stehst oberhalb einer Steilküste an
einer wunderschönen Meeresbucht. Du kannst die
ganze Bucht von hier aus überblicken.

Das blaue Meer,
der weiße Strand,
einen Teil der Steilküste,
große Steinblöcke am Strand und im Wasser
und in der Mitte der Meeresbucht eine Insel mit
hohen Bäumen.

Es ist ein herrlicher Sommertag und die Luft ist
wunderbar warm.

Der Weg, auf dem du stehst, führt durch grüne
Pinienwälder.
Du kannst den Weg entlang gehen.

Die hohen Bäume säumen den Weg, der aus weißen,
glatten Steinen besteht.
Zwischen den Bäumen wachsen verschiedene Gräser,
Sträucher und Kräuter.
Du kannst den frischen Geruch verschiedener Kräuter
riechen.

Der Weg führt auf eine Lichtung.

Auf dieser Lichtung steht eine kleine Kapelle –
die Mauern sind hellblau gestrichen,
das Dach ist strahlend weiß.

Sie hebt sich wunderschön vom blauen Himmel ab.

Du kannst näher an die Kapelle herantreten

und wenn du magst, kannst du auch in die Kapelle
hineingehen.

Der kleine Raum ist fast leer. Die Wände sind weiß
gestrichen.

An der Kopfseite der Kapelle hängt ein
wunderschönes, großes Mandala.

Du kannst näher herantreten und es dir anschauen.

Die Mitte des Mandalas bildet eine wunderschöne
Lotosblüte mit ihren Blättern.

Von der Lotosblüte ausgehend verzweigen sich
unterschiedliche Linien, Kreise und verschlungene
Pfade nach außen.

Schau mal nach, in welchen Farben das Mandala
leuchtet.
Vielleicht sind es ein oder zwei Farben.
Vielleicht ist es ein buntes Durcheinander.

Schau einfach hin.

Lass dein Mandala auf dich wirken.

[längere Pause]

Es wird nun Zeit zurückzukehren.

Schau dir noch einmal dein Mandala an.

Dann kannst du die Kapelle durch die Tür verlassen

und du stehst wieder im warmen Sonnenlicht.

Wir sind nun am Ende unserer Reise und du kannst in den Raum zurückkehren.

Reise in den Wald und zum Bach

Wir unternehmen nun eine kleine Phantasiereise.
Stell dir vor, du bist auf einer Lichtung im Wald. Es ist
ein wunderschöner, warmer Sommertag.

Du kannst die Wärme der Sonne auf deiner Haut
spüren. Ein angenehmer warmer Wind streichelt
deine Haut.

Fühle diese Wärme.

Du kannst das Rauschen des Windes in den Bäumen
und die Vögel hören.

Du stehst auf einer Wiese mit grünem Gras und
wunderschönen bunten Blumen. Gelbe Schmetterlinge
und Bienen fliegen von einer Blume zur nächsten.

Du kannst deine Schuhe ausziehen und das weiche
Gras unter deinen Füßen spüren.

Fühle das Gras.

Du kannst dich über die Wiese bewegen.
Am Rande der Lichtung schlängelt sich zwischen den
Bäumen ein kleiner Pfad entlang.
Du kannst dich darauf zu bewegen.

Der Pfad besteht aus weichem, warmen Waldboden.
Fühle die Wärme des Bodens unter deinen Füßen.

Spüre diese Wärme.

Langsam bewegst du dich den Pfad weiter entlang.

Vorbei an großen Bäumen, die wohltuenden Schatten
spenden,
vorbei an moosbewachsenen Baumstämmen,
vorbei an Büschen, Farnen und Kräutern.

Du kannst die würzige Waldluft riechen.

Nimm den Geruch in dir auf.

Du kannst weiter auf dem Pfad gehen.
Zwischen den Bäumen glitzert Wasser hindurch.

Du kannst dich darauf zu bewegen und einen kleinen
Bach erkennen, der sich zwischen den Bäumen durch
den Wald schlängelt.
Tritt näher heran.

Der Bach fließt ruhig und friedlich in seinem Bett.

Die Bäume werfen Schatten ins Wasser.

Unter der Wasseroberfläche sind grüne Pflanzen,
Steine und kleine Fische zu sehen. Das Wasser fließt
sanft darüber hinweg.

An einigen Stellen ist das Wasser nahezu spiegelglatt,
an anderen Stellen verwirbelt es sich in kleinen
kräuselnden Bewegungen über den Steinen.

Die Sonne glitzert auf der Oberfläche.
Es sieht aus als wären funkelnde Diamanten
im Wasser.

Einfach wunderschön anzusehen.

Du kannst ein Stück den Bach entlang gehen.
Das Wasser begleitet dich.
Sanft fließend und plätschernd.

Geh weiter und lausche dem Wasser.

Das Plätschern und Rauschen wird stärker.
Der Bach fließt über einen kleinen Wasserfall.
Oberhalb des Wasserfalls ist das Wasser ganz glatt
und ruhig.
Dann fließt es den kleinen Abhang hinunter.
Unten angekommen schäumt es auf und verwirbelt
sich in alle Richtungen.

Hinter dem Wasserfall fließt das Wasser ruhig weiter.

Der Bach ist nun ganz klar. Du kannst Sand und große
Steine auf dem Grund sehen.
Die grasbewachsene Uferböschung wird flacher.

Du kannst näher an den Bach herangehen,
und noch ein Stück näher
und einen Fuß ins Wasser halten.
Spüre das angenehm warme Wasser.

Wenn du möchtest, kannst du ins Wasser gehen.
Es ist angenehm warm.

Spüre den weichen Sand unter deinen Füßen
und das Wasser, das deine Beine umspült.

Du kannst dich vorbeugen und auch deine Hände ins
Wasser halten.

Spüre den Sand an deinen Fingern.
Nimm ein wenig Sand in die Hand und lass ihn durch
die Finger gleiten.
Wieder und wieder. Der Sand schmeichelt deinen
Händen.

Du kannst die Hände nun still im Wasser halten. Das
Wasser strömt vorbei und spült den Sand ab.

Spüre das strömende Wasser.
Ein angenehmes Gefühl.

Du kannst nun aufstehen,
aus dem Bach steigen
und dich ins warme, weiche Gras legen.

Die Sonne wärmt deine Haut und trocknet dich. Es ist
einfach wunderschön.

Du kannst in den Himmel schauen.
Über dir ziehen kleine, weiße Wolken hinweg.
Sie ziehen vorbei und lösen sich auf.

Ganz ruhig und friedlich.
Das ist ein Ort des Friedens, der tief berührt.
Du kannst diesen Frieden fühlen.
Genieße diesen Frieden.

[längere Pause]

Nun wird es langsam Zeit zurückzukehren. Du liegst
im Gras und schaust auf die Wolken im Himmel.

Du kannst nun aufstehen

und am Bach entlang gehen, der in weiten Bögen
durch den Wald führt.

Du kommst zu einem Pfad zwischen den Bäumen und
über den Pfad kommst du zurück zur Waldlichtung
mit der wunderschönen Blumenwiese.

Die Sonne scheint und die Bienen und Schmetterlinge
fliegen über die Wiese.

Dort stehen deine Schuhe.
Du kannst sie wieder anziehen.

Wir sind nun am Ende unserer kleinen Reise.
Es wird nun Zeit zurückzukommen.

Lichtvolle Reise zum Sommerstrand

Wir unternehmen nun eine kleine Phantasiereise.
Stell dir vor, du stehst an einem wunderschönen
Sandstrand in einer kleinen Bucht.
Es ist Sommer – wunderbar warm. Das blaue Meer
breitet sich vor dir aus und schimmert türkisblau.
Der Strand ist bedeckt mit feinem, weißem Sand.
Der Himmel ist strahlend blau. Am Rande der Bucht
stehen große, grüne Palmen. Ein herrliches Bild.

Die Sonne strahlt warm und hell vom Himmel auf
dich. Du kannst die Wärme der Sonne auf deiner
Haut spüren.

Spüre und genieße einfach nur.

Die Sonne ist leuchtend hell. Du kannst das Sonnenlicht um dich herum wahrnehmen.

Spüre einmal zu deinem Herzraum. –
Du kannst das Licht in dein Herz einladen und kannst
auch selber von innen heraus leuchten.

[längere Pause]

Du stehst an diesem herrlichen Strand im Sonnenlicht
und schaust auf das türkisfarbene Meer.

Vielleicht kannst du den warmen, weißen Sand unter
deinen Füßen spüren.

54

Wenn du willst, kannst du über den Strand zum
Wasser gehen.

Am Strand läuft das Wasser in sanften Wellen aus.
Du kannst das Rauschen des Meeres hören.

Du kannst näher an das Wasser herangehen
Und, wenn du magst, hineingehen.

Das Wasser ist herrlich warm und kristallklar.
Du kannst den Sand am Boden sehen.
Das Wasser und der Sand umschmeichelt deine Füße.

Du kannst weiter ins Wasser hineingehen.

Das Wasser umspült erst deine Füße,
dann deine Beine, deine Hüfte bis zur Taille.

Du kannst dich ins Wasser gleiten lassen und auf den
Rücken legen.

Das Wasser trägt dich leicht und fließend.
Die Wellen schaukeln dich sanft.

Du kannst in den strahlend blauen Himmel schauen
und das wärmende, strahlende Sonnenlicht in dich
aufnehmen.
Genieße den Moment.

[längere Pause]

Das Wasser schaukelt dich sanft und trägt dich.
Spüre die Leichtigkeit.

Es wird nun ganz langsam Zeit wieder
zurückzukehren.

Du kannst dich auf den Bauch drehen und zurück zum
Strand schwimmen.

Schon bald spürst du den Boden unter deinen Füßen.
Du kannst auf dem weichen Sand durch das flache
Wasser gehen.

Das Meer rauscht und die Wellen laufen am Strand
aus.

Am Strand angekommen, kannst du dich in den Sand
setzen. Die Sonne wärmt und trocknet dich.

Spüre das Salz des Wassers und die wohlige Wärme
der Sonne auf deiner Haut.

Du kannst dir den Strand noch einmal genau anschauen – das kristallklare Wasser, der weiße Sand
und die Palmen.
Nimm einfach alles wahr.

Lenke die Aufmerksamkeit noch einmal auf die Sonne. Nimm das helle Licht der Sonne noch einmal ganz
tief in dein Herz auf.
Du kannst es mitnehmen – zurück in die bewusste
Welt.

Die Weite des Meeres spüren und loslassen

Wir unternehmen nun eine kleine Phantasiereise.
Stell dir einmal vor, du stehst an einem wunderschönen Strand. Die Sonne scheint. Es ist wunderbar
warm.

Die Sonne kann deine Haut wärmen.
Es weht ein leichter, warmer Wind.
Auch der Wind kann deine Haut berühren.
Vielleicht kannst du das leichte Streicheln des Windes
auf deiner Haut spüren.

Spüre die Wärme.

Du kannst auf das Meer schauen –
auf das weite, blaue Meer.

Du kannst die Wellen sehen –
sie rollen heran und laufen am Strand aus.
Schau den Wellen zu.

Über das Wasser führt ein Steg.
Du kannst an den Steg herangehen.

Und auf den Steg gehen.

Und über den Steg entlanggehen.

Du bist nun über dem Wasser.

Du kannst Vögel über das Wasser fliegen sehen.
Und das Kräuseln des Meeres sehen.
Und das Rauschen des Meeres hören.

Am Ende des Steges kannst du stehen bleiben und
auf das Meer schauen.

Das weite Meer.

Das Meer kann Dinge aufnehmen und es in seiner
Weite, in seiner Stärke und auch in seiner Ruhe einfach auflösen.

Wenn du magst, kannst du an das Meer das abgeben,
was du loslassen möchtest.

Spüre einmal in dich hinein.

Wenn du etwas loslassen möchtest, wirf es einfach
ins Meer. Es verschwindet in den Wellen.

Genieße die Weite des Meeres. Spüre die Stärke und
in die Ruhe.

Ruhig gleiten die Wellen dahin und bewegen sich
sanft. Diese Sanftheit berührt dich im Herzen –
das kannst du vielleicht fühlen –
eine Leichtigkeit, die dir das Meer schenkt.

Nimm es einfach nur wahr.

[längere Pause]

Du stehst auf dem Steg und schaust über das Meer.

Es wird nun langsam Zeit zurückzukehren.

Du kannst deinen Blick noch einmal über das Meer
gleiten lassen
und dann über den Steg zurück an den Strand gehen.

Du kannst das Meer rauschen hören
und den Wellen zusehen.
Wellen, die am Strand auslaufen.

Du bist nun wieder am Strand angekommen.

Es wird nun Zeit zurückzukommen.

Lavendelfelder

Für diese Meditation bietet es sich an, den Teilneh-mer*innen zuvor einen Tropfen Lavendelöl in die Hand zu geben, den sie verreiben und an dem sie riechen können.

Stell dir vor, du stehst vor einem riesengroßen, wunderschönen Lavendelfeld. Die Sonne geht gerade auf und schickt ihre ersten Strahlen über das Feld.

Das üppige Lila erstrahlt in der Sonne.

Die Lavendelpflanzen wiegen sich ganz sanft im warmen Sommerwind.

Du kannst den Duft des Lavendels wahrnehmen.

Tauche tief hinein.

Du kannst die Energie des lilafarbenen Feldes tief einatmen –
in deinen Herzraum,
in deinen Bauchraum
und von dort aus in die Zellen deines Körpers.

Die lilafarbene Energie kann deinen Körper und deine Zellen von innen reinigen.

Stell es dir einfach nur vor.

Lenke deine Aufmerksamkeit nun zum Scheitel deines Kopfes – zum Kronenchakra, dass sich nach oben hin öffnet.

Stelle dir hier einen tausendblättrigen Lotus in der Farbe Lila vor.

Verweile bei diesem Bild.

[längere Pause]

Bedanke dich nun bei der Farbe Lila und dem Lotus.

Es wird Zeit wieder zurückzukehren – zurück in den Raum.

Im Kontakt mit unserem Planeten

Nimm deinen Atem wahr.

Spüre zu deinem Einatem.
Mit dem Einatem kommt die Energie der Erde in
deinen Körper.
Atme die Energie ein.

Spüre zu deinem Herzraum.
Dein Einatem bewegt deinen Herzraum ganz sanft.
Nimm diese Bewegung wahr.

Du kannst deinen Herzraum öffnen –
der Energie der Erde öffnen.

Lenke deine Aufmerksamkeit zum Boden,
auf dem du sitzt.
Der Boden schenkt dir Ruhe und Frieden.
Nimm die Ruhe wahr.

Nimm Kontakt mit der Erde unter dir auf.
Du kannst dich fest mit der Erde verwurzeln.

Ganz fest verwurzeln mit unserer Erde.
Mit unserem wunderschönen Planeten.

Spüre die Verbindung.
Bleibe in Verbindung mit der Erde.

Lenke die Aufmerksamkeit auf deinen Ausatem.
Du kannst Frieden ausatmen.
Atme Frieden aus.

Schenke der Erde deinen Frieden.

Spüre zu deinem Herzraum. Du kannst dich der Erde
öffnen – und ihr Liebe schenken.

Schenke der Erde deine Liebe.

Lenke die Aufmerksamkeit zur Krone deines Kopfes.
Du kannst hier einen blauen Lichtstrahl nach oben
visualisieren. Und über diesen Lichtstrahl Heilung in
den Himmel senden.

In den Himmel, der unsere Erde schützt.
Heilung für unseren blauen Planeten.

Schenke der Erde Liebe, Licht und Heilung.

Liebe.

Licht.

Heilung.

Es wird nun Zeit zurückzukommen.
Zurück in diesen Tag.

Visualisiere deine Regenbogen-Lichtkugel

Für diese Meditation sollten die Teilnehmer vorab aus ihren nach oben geöffneten Händen eine Schale formen und in ihrem Schoß ablegen (Dhyani Mudra).

Wir unternehmen nun eine kleine Farbreise mit den Farben des Regenbogens. Wir werden die sieben Farben des Regenbogens visualisieren.
Spüre in die einzelnen Farben hinein.
Spüre genau, welche Farbe sich heute für dich gut anfühlt und welche du gut visualisieren kannst.

Lenke deine Aufmerksamkeit in deine Hände –
und in die Innenflächen deiner Hände.

Stell dir vor, in deinen Händen liegt eine rote Lichtkugel. Spüre in die rote Lichtkugel hinein.

Die rote Lichtkugel wird nun strahlend weiß –
und verwandelt sich in eine orangefarbene Lichtkugel. Spüre in das orangefarbene Licht hinein.

Die orangefarbene Lichtkugel wird wieder strahlend weiß –
und anschließend ein warmes Sonnengelb.
Spüre in deine Hände zur gelben Lichtkugel.

Die gelbe Lichtkugel wird strahlend weiß –
und dann grün – ein herrliches Frühlingsgrün.
Spüre in die grüne Lichtkugel.

Die grüne Lichtkugel wird wieder weiß –
und danach hellblau.
Spüre in deine Hände zur hellblauen Lichtkugel.

Die hellblaue Lichtkugel wird auch wieder weiß.
Und nun dunkelblau – ein tiefes sattes Blau.
Spüre zur blauen Lichtkugel.

Die blaue Lichtkugel wird weiß.
Und danach violett – ein wunderschönes Violett.
Spüre zur violettfarbenen Lichtkugel.

Die Lichtkugel wird nun wieder strahlend weiß.

Spüre in deine Hände zur Lichtkugel. Welche Farbe
erscheint dort? Welche Farbe fühlt sich für dich wunderbar an? Bleibt die Lichtkugel weiß oder strahlt sie
einen der Regenbogenfarben: rot, orange, gelb, grün,
hellblau, dunkelblau oder violett?

Lass deine Farbe nun zu deinen Füßen fließen.
Stell dir vor, dass sie in deine Füße fließen kann
und von da aus in deinen ganzen Körper:
in die Unterschenkel,
Oberschenkel,
dein Becken,
dein Bauchraum,
den Oberkörper
bis zu deinen Schultern.
Deine Farbe fließt deine Arme hinunter bis in deine
Hände und Fingerspitzen.

Die Farbe fließt ganz sanft weiter zu deinem Kopf und bis zur Krone deines Kopfes.

Dein Körper ist nun ganz eingehüllt in deiner Farbe.

Du kannst selber in deiner Farbe leuchten.

[längere Pause]

Es wird nun langsam Zeit zurückzukehren.

Deine Farbe umhüllt dich weiterhin.
Du kannst dich beim Licht bedanken.
Damit verschwindet die Farbe und dich umgibt ein strahlendes, weißes Licht.

Lass dich vom weißen Licht vollständig umhüllen und durchfluten.

Das weiße Licht schenkt dir Energie.

Nimm mit jedem Atemzug die Energie in dir auf.

Atme tief ein.
Die Energie belebt deinen Körper.

Reise in den Himalaya

Wir unternehmen nun eine kleine Phantasiereise.
Stell dir vor, du stehst an einem Fluss in einem kleinen Dorf in Indien.
Am Rande des Flusses stehen die einfachen Häuser
der Bewohner. Sie sind in bunten Farben angemalt.

Am Fluss sitzen Männer in weißen Hemden
und Frauen in herrlich bunten Saris. Die Sonne
scheint und die Steine der Saris funkeln im Licht.

Die Männer und Frauen unterhalten sich. Ein herrlicher Singsang der Stimmen weht zu dir herüber.
Die kleinen indischen Kinder tollen am Flussufer entlang.

Eine sehr friedliche Stimmung.

Der Fluss und das Dorf liegen am Rande des
Himalaya-Gebirges.
Rundherum sind hohe Berge.
Die Spitzen sind schneebedeckt.
Das Weiß leuchtet vor dem strahlend blauen Himmel.
Ein wunderbarer Anblick.

Über den Fluss führt eine Holzbrücke.
Du kannst über die Brücke zum anderen Ufer gehen.
Hinter dem Fluss führt der Weg leicht bergan.
Du kannst den Weg entlang gehen.
Es ist ganz leicht hier hoch zu gehen.

Du wanderst durch ein Reisfeld – links und rechts wachsen die Reispflanzen,
du kommst durch einen Wald mit hohen schlanken Bäumen,
über eine Wiese
und über Steine.

Der Weg wird steiler und führt weiter bergan.
Du kannst etwas schneller werden und den Berg ganz locker hochlaufen.
Es fühlt sich wunderbar leicht an.
Fast fliegst du bergan.

Der Weg verläuft nun über Gras und Steine. In dieser Höhe wachsen keine Bäume mehr. Du kannst weiter bergan fliegen.

Du erreichst ein Plateau. Von hier aus hast du einen herrlichen Blick auf die hohen Berge des Himalayas um dich herum. Viele schneebedeckte Berge.
Du bist mittlerweile oberhalb der Wolken und du kannst eine Wolkendecke unter dir sehen.

Die Sonne strahlt vom blauen Himmel und wärmt dein Gesicht.
Genieße diese Wärme.

Der Weg führt weiter bergan. Du kannst nun langsam und in Ruhe das letzte Stück des Berges hochgehen.
Der Weg führt über eine Schneedecke.
Ganz kraftvoll kannst du den Weg gehen.

Du bist nun oben angekommen. In alle Richtungen hast du nun einen herrlichen Blick über die anderen Berge und die Täler dazwischen.
Auf dem Berg steht eine Bank.
Du kannst dich hinsetzen und den Ausblick genießen.
Die Sonne wärmt dich.

[längere Pause]

Du sitzt auf der Bank auf dem Berg im Himalaya.

Es wird nun Zeit zurückzukehren.
Das ist ganz leicht.

Du kannst aufstehen und ganz locker den Berg herunterlaufen.
Fast fliegst du über die Landschaft.

Durch die Schneelandschaft,
über das Plateau,
die Wiesen und Steine
und weiter unten durch die Wälder und Reisfelder.

Du erreichst das Flussufer des kleinen indischen Dorfes.

Wir sind nun am Ende unserer Reise und es wird Zeit zurückzukommen.

Auf dem Kamel in der Wüste

Stell dir einmal vor, du stehst am Rand einer großen
Wüste. Vor dir erstreckt sich eine wunderschöne
Landschaft aus Sand und Felsen.
Die Sanddünen fließen in sanften Wellen ineinander.
An einigen Stellen kommen Sträucher aus dem
Boden.
Im Hintergrund kannst du kleine Berge erkennen.

Es ist abends und die Sonne steht bereits tief am
Horizont.

Du kannst dich einmal umschauen.
In einiger Entfernung neben dir steht ein großes
Kamel.

Das Kamel schaut dich mit seinen großen, schönen
Augen an.

Du kannst zum Kamel hingehen,
deine Hand ausstrecken und es streicheln.
Das Fell ist ganz weich und warm.

Das Kamel kniet neben dir nieder und du kannst auf
seinen Rücken steigen.
Es ist ganz leicht.

Das Kamel steht auf.
Du bist hier oben ganz sicher.

Das Kamel setzt sich in Bewegung.
Das sanfte Schaukeln trägt dich.
Spüre die Bewegung des Kamels.

Gemeinsam reitet ihr dem Sonnenuntergang
entgegen.
Die Sonne verändert sich und taucht mit ihrem roten
Licht die Wüste in einen wunderschönen, mystischen
Ort.

Du kannst den Ritt durch die Wüste einfach nur
genießen.

[längere Pause]

Du reitest auf deinem Kamel in einen großen Bogen
zum Beginn deiner Reise.

Es wird nun Zeit zurückzukommen.

Du kannst von deinem Kamel wieder absteigen und
dich bei ihm bedanken.

Spüre nun deinen Körper und komme zurück in den
Raum.

Das Bad im Wasserfall

Wir unternehmen nun eine kleine Phantasiereise.
Stell dir einmal vor, du stehst in einem wunderschönen Wald mit vielen verschiedenen Bäumen, Büschen
und Sträuchern.

Es hat bis eben geregnet – ein Sommerregen, der
dem Wald sein sattes Grün schenkt.
Du kannst noch die Tropfen, die von den Bäumen
fallen, hören. Hin und wieder trifft dich ein Tropfen.

Um dich herum ist alles in einem satten, leuchtenden
Grün.

Einfach wunderschön.

Auf den Blättern der Sträucher kannst du die einzel-
nen Regentropfen sehen. Sie liegen dort wie kleine
Perlen.
Die Sonne kommt durch die Wolken hervor und die
Wasserperlen glitzern wunderschön.

Die Sonne trocknet alles und du kannst die Wärme
der Sonne auf deiner Haut spüren.

Dort ist ein Weg durch den Wald.
Du kannst den Weg entlang gehen.

Der Waldboden knirscht unter deinen Füßen.

Du kannst den Wald um dich herum betrachten.
Viele große und kleine Bäume – Nadelbäume, Laub-
bäume – ein Gewirr aus Büschen, Sträuchern, Farnen,
Moosen und weiteren Gewächsen

Eine wunderschöne intensivgrüne Mischung.

An manchen Stellen kannst du rote Beeren, kleine
weiße und gelbe Blüten entdecken.

Alles für sich einzigartig, wunderschön und in harmo-
nischer Gesellschaft.

Du kannst in den Wald lauschen.
Die Vögel sind wieder hervorgekommen und singen
fröhliche Lieder.
In den Baumwipfeln rauscht der Wind.

Der Weg wird breiter und führt auf eine große
Lichtung mit einem See in der Mitte.

Mittlerweile ist der Himmel wieder strahlend blau.
Die Sonne scheint und es ist ein wunderschöner
Sommertag.
Die Sonne glitzert auf dem See.
Du kannst das Tanzen des Lichts auf der Wasserober-
fläche sehen.
Wunderschön.

Neben dem See erhebt sich eine große Felsformation.
Die Felsen sind grau und grüne Pflanzen wachsen an
den Steinen empor.

Ganz erhaben und machtvoll stehen die Felsen neben dem See.

Du kannst spüren, dass du einen magischen Ort entdeckt hast.

Der Weg führt am Rande des Sees zwischen den Felsen hindurch.
Du kannst auf dem Weg weitergehen.

Hinter den Felsen plätschert Wasser.
Du kannst näher herangehen und das Wasserplätschern wird lauter.
Ein wunderschöner Wasserfall fließt über eine Kante des Felsens in den See hinein.

Das Lichtspiel der Sonne lässt kleine Regenbögen entstehen.
Es sieht wunderschön aus.

Der See ist an dieser Stelle ganz flach.
Wenn du magst, kannst du näher herantreten und in das Wasser gehen.
Das Wasser ist herrlich warm.

Du stehst nun direkt vor dem Wasserfall.

Du kannst deine Hände ausstrecken und das Wasser über deine Hände fließen lassen.
Das Wasser ist angenehm warm und weich.

Wenn du magst, kannst du dich unter den Wasserfall stellen.

Das Wasser des Wasserfalls hüllt dich nun vollständig ein und fließt deinen Körper herunter.
Es fühlt sich wunderbar an.

Das Wasser kann dich reinigen.

Nimm die Reinigung wahr.

[längere Pause]

Du kannst nun langsam aus dem Wasserfall hinausgehen und dich auf einen der Steine der Felsformation legen.

Die Sonne ist herrlich warm und trocknet dich.
Genieße den Moment.

[längere Pause]

Du liegst auf einem Stein der Felsformation.
Die Sonne wärmt dich. Der Himmel ist strahlend blau.

Du kannst nun langsam aufstehen
und am See entlang gehen.

Wir sind nun am Ende unserer Reise und es wird Zeit zurückzukehren.
Zurück in den Raum.

Farbreise

Wir unternehmen nun eine kleine Farbreise. Stell dir
vor, du stehst in einem großen Raum.

Der Raum ist erfüllt von tiefrotem Licht.
Du kannst das rote Licht einatmen und es in dir aufnehmen.

Atme das Licht ein. Fühle das.
Es kann sich verteilen –
überall hinströmen.

Das rote Licht schenkt dir Geborgenheit.
Fühle diese Geborgenheit und nimm sie tief auf.

Du kannst dich ganz geborgen und geerdet fühlen.

Du kannst dich nun beim roten Licht bedanken.
Gehe weiter durch den Raum.
Am anderen Ende öffnet sich eine Tür und du kannst
einen Raum mit orangefarbenem Licht betreten.
Nimm das orangefarbene Licht wahr.
Atme dieses Licht ein und nimm es in dir auf.

Du kannst das orangefarbene Licht als fließendes
Wasser in dir spüren.
Spüre das Fließen in dir.
Fühle und genieße es einfach.

Du kannst dich nun beim orangefarbenen Licht bedanken.
Gehe weiter.

Die Tür zum nächsten Raum öffnet sich und empfängt
dich mit einem gelbstrahlenden Licht.
Der ganze Raum strahlt sonnengelb und schenkt dir
Wärme.

Du kannst die Wärme der Sonne fühlen.
Spüre die Wärme und nimm sie in deinem ganzen
Körper auf – in deine einzelnen Zellen.
Durchflutet vom gelben Licht.
Spüre es einfach nur.

Du kannst dich beim sonnengelben Licht bedanken.
Geh weiter. Hinter der Tür zum nächsten Raum er-
strahlt grünes Licht.
Du kannst das grüne Licht einatmen und in deinen
Herzraum aufnehmen.
Spüre das grüne Licht in deinem Herzraum.

Das grüne Licht kann deinen Herzraum weiten.
Spüre diese Weite.
Genieße es.

Das grüne Licht schenkt dir Liebe.
Du kannst die Liebe in dich aufnehmen.
Fühle die Liebe in deinem Herzen.

Du kannst dich nun beim grünen Licht bedanken und die Liebe mit in den nächsten Raum nehmen.
Dieser Raum leuchtet hellblau.
Nimm das hellblaue Licht in dir auf.

Das hellblaue Licht kann deinen Körper von innen reinigen.
Das Licht kann jede einzelne Zelle deines Körpers durchfluten.
Fühle das Durchfluten.

Du kannst dich für die innere Reinigung öffnen.
Öffne dich und genieße es.

Du kannst dich nun beim hellblauen Licht bedanken.
Gehe weiter in den nächsten Raum.
Dieser Raum leuchtet in einem tiefen, satten Blau.
Du kannst das Blau mit deinem ganzen Körper aufnehmen.

Spüre nun einmal zu dem Punkt zwischen deinen Augenbrauen - zu deinem inneren Auge - und nimm das blaue Licht hier besonders wahr.

Das blaue Licht kann dein inneres Auge besonders berühren. Es reinigt deine Fähigkeit innerlich zu sehen und das schenkt dir Visionen und Erkenntnisse.
Spüre einmal.
Vielleicht zeigt sich dir eine Erkenntnis.
Spüre einfach nur.
Nimm alles dankbar an, was kommt.

Du kannst dich nun beim blauen Licht bedanken.

Öffne die Tür des letzten Raums und tritt in violettes Licht ein.
Das Violett umhüllt dich vollständig.
Du kannst das violette Licht einatmen und dich komplett von ihm erfüllen lassen.
Das violette Licht kann dir helfen, ganz bei dir anzukommen.

Spüre das.
Ein Gefühl des Heimkommens und eines inneren Friedens.
Fühle und genieße den Frieden.

Du kannst dich nun beim violetten Licht bedanken.
Damit verschwindet die Farbe und dich umgibt ein strahlendes weißes Licht.
Lass dich vom weißen Licht vollständig umhüllen und durchfluten.
Das weiße Licht schenkt dir Energie.

Nimm mit jedem Atemzug die Energie in dir auf.

Atme tief ein.

Die Energie belebt deinen Körper.
Spüre deinen Körper. Du füllst ihn wieder vollständig aus.

Behalte den Überblick – auf dem Baum

Stell dir vor, du stehst auf einer großen Wiese. In der Mitte steht ein großer, wunderschöner Baum. Seine starken Zweige setzen tief unten am Stamm an.

Du kannst zum Baum gehen und seinen Stamm mit deinen Händen berühren.
Spüre die Rinde unter deinen Händen.
Vielleicht kannst du die Ruhe spüren, die vom Baum ausgeht.

Stark verwurzelt streckt er sich in die Höhe. Du kannst hochschauen und die Äste über dir sehen. Und eine Plattform zwischen den starken Ästen.

Wenn du magst, kannst du den Baum hochklettern.
Es ist ganz leicht.
Locker kletterst du über die starken Äste nach oben.

Du erreichst die Plattform und kannst dich daraufsetzen.

Du kannst nun über die ganze Wiese schauen.

Du siehst die anderen Bäume und einen kleinen Bach, der sich am Rande der Wiese seinen Weg bahnt.
Du siehst weitere Wiesen und Felder –
und am Horizont einen Wald.

Du gewinnst einen Überblick über deine Umgebung.
Schau dich um und lass die Weite auf dich wirken.

Vielleicht kannst du so auch mehr Überblick über die Themen in deinem Leben erhalten.
Stell dir vor, dass die einzelnen Bereiche die Themen in deinem Leben sind, die dich aktuell beschäftigen.
Schaue sie dir in aller Ruhe von oben an.

[längere Pause]

Es wird nun langsam Zeit zurückzukehren.
Du kannst nun langsam den Baum wieder herunter-klettern.

Du stehst nun wieder auf der Wiese.

Spüre in deinen Körper.
Du fühlst ihn nun wieder vollständig aus.

Atme ein paar Mal tief ein und wenn du so weit bist, öffne deine Augen.

Leicht und locker laufen

Wir unternehmen nun gemeinsam eine kleine Phantasiereise. Stell dir vor, du stehst auf einem Staudamm eines Sees.

Es ist ein wunderschöner warmer Herbsttag.
Die Blätter der Bäume verfärben sich langsam von grün in alle möglichen Farben: in gelb, rot, orange.
Bunt und einfach wunderschön anzusehen.

Du kannst über den See schauen.

Es liegen noch kleine Nebelschwaden auf dem Wasser.
Rings um den See ist Wald mit den schönen bunten Farben.
Der Wald spiegelt sich im glatten Wasser.
Die Sonne scheint und der Himmel ist strahlend blau.

Es sieht wunderschön aus.

Du kannst ein Stück am See entlang gehen.
In den Wald.

Der Wald führt direkt am See entlang und du kannst immer wieder auf das Wasser schauen.

Die Luft ist klar und frisch.
Du kannst tief einatmen und den Geruch der Bäume aufnehmen.

Der Wind rauscht in den Baumwipfeln.
Ganz sanft.

Wenn du magst, kannst du ein bisschen schneller
werden.

Du kannst langsam laufen.
Es fühlt sich ganz leicht an.
Es ist ganz, ganz einfach.

Auf dem Weg liegen bereits ein paar Blätter.
Wenn du durchläufst, raschelt es unter deinen Füßen.
Du kannst ein bisschen die Blätter wegkicken.
Mit jedem Schritt, den du machst.
Wie ein Kind, das im Herbst durch das Laub läuft.

Es kann dir sehr viel Freude bringen
und dir ein Lächeln schenken.

Du kannst weiterlaufen und in dir kann sich ein
angenehmes Gefühl ausbreiten.

Die frische Luft strömt in deine Lunge hinein.

Du kannst tief einatmen und die beflügelnde Energie
wahrnehmen.
Es schenkt dir eine Leichtigkeit, die du fühlen kannst.

Es kann sich wunderbar anfühlen.

Wenn du magst, kannst du noch ein bisschen schneller laufen.

Du kannst den Wind in deinen Ohren rauschen hören.
Er rauscht und rauscht an dir vorbei.

Du kannst lächeln, weil es sich so schön anfühlt.

Dein Atem geht ganz gleichmäßig.
Ein und aus.

Du kannst den Weg weiter entlanglaufen und siehst
weiter hinten, dass sich dort ein kleiner Berg erhebt.
Du kannst darauf zu laufen.

Immer schneller und schneller.
Ganz leicht und locker kannst du den Berg hinauflau-
fen.
Über einen kleinen Waldpfad, der zwischen den
Herbstbäumen entlangführt.

Fühle die Leichtigkeit.

Lass dich tragen von der Energie des Laufens –
der Freude, die sie dir schenkt.
Spüre diese Freude.

Mit jedem Schritt, den du läufst, kannst du immer
mehr loslassen und alles hinter dir lassen.
Das kannst du spüren.

Du kannst innerlich ganz ruhig werden.
Ganz friedlich.

In dieser Ruhe hörst und fühlst du deinen Atem.

Du kannst ihn im ganzen Körper fühlen.
Er durchdringt dich und schenkt dir unglaubliche
Energie.
Immer wieder.
Mit jedem Atemzug.

Du kannst auch deinen Herzschlag spüren.
Mit jedem Schlag durchströmt dich das pure Leben.

Du läufst weiter.

Du entdeckst, dass vor dir noch weitere Läufer sind.

Sie laufen alle mit dir hier hoch.
Und sie ziehen dich mit hoch.

Dadurch wird es noch leichter.

Du kannst spüren, dass es schön ist, in einer Gemein-
schaft zu sein, die sich gegenseitig hilft und trägt.

Das kann dir Kraft geben.
Und Mut.
Und Freude.

Du bist nun angekommen.
Oben auf dem Berg.
Du kannst nun langsamer laufen.

Und stolz auf dich sein, dass du es geschafft hast.
Spüre einmal.

Oben auf dem Berg breitet sich eine wunderschöne Wiese aus.
Die Sonne scheint.

Dein Atem kann sich beruhigen.

Du kannst über die Wiese gehen und dir ein schönes Plätzchen zum Hinlegen suchen.

Strecke dich aus.

Nach der Bewegung kannst du nun die Ruhe genießen.

Über dir erstreckt sich der blaue Himmel.
Die Sonne wärmt dich.

[längere Pause]

Du liegst auf der Wiese.
Es ist ganz friedlich um dich herum.

Du kannst den Frieden spüren.

Wenn du dich umschaust, kannst du auch die anderen Läufer auf der Wiese liegen sehen.
Auch sie sind ganz friedlich und sie wirken richtig glücklich.
Auf ihrem Weg.

Du kannst nun langsam aufstehen und umhergehen.

Die Sonne scheint weiterhin. Die Vögel zwitschern.

Zwischen den Bäumen kannst du eine Rutsche entdecken.

Wenn du magst, kannst du dich oben auf die Rutsche setzen.
Und herunter sausen.
Der Fahrtwind rauscht an dir vorbei.

Spüre einmal.

Du rutschst schneller und schneller durch den Wald –
an den Bäumen vorbei.

Nun verlangsamt sich deine Fahrt und du kommst
unten am See an.

Du kannst wieder auf das Wasser schauen.

Nun wird es Zeit wieder zurückzukehren.

Kraftvolle Reise zum Elefanten

Wir unternehmen nun eine kleine Phantasiereise.
Stell dir vor, du stehst in einer wunderschönen Savannenlandschaft in Afrika.

Vorne ist eine herrliche Gräserlandschaft und im Hintergrund erheben sich sanfte grüne Hügel und Berge. Die Erde ist hier ganz fruchtbar und die Gräser sind saftig grün. Durch die Mitte der Landschaft fließt ein Fluss. Die Sonne scheint und es ist wunderbar warm. Die hohen Bäume spenden Schatten.

Am Fluss und zwischen den Bäumen stehen unterschiedliche Tiere und grasen: Zebras, Giraffen, Elefanten und Antilopen.

Hier ist es ruhig und friedlich.

Die Elefanten stehen in ihrer großen Herde direkt am Fluss. Sie nehmen mit ihrem langen Rüssel Wasser auf, trinken das Wasser und spritzen es sich und den anderen über den Kopf.
Die kleinen Elefanten tollen umher.

Wenn du magst, kannst du näher an die Elefantenherde herangehen und sie dir genauer anschauen.

Etwas abseits steht ein einzelner Elefant und schaut dich mit seinen großen Augen an.

Du kannst etwas näher an ihn herangehen.

Der Elefant ist ein Stückchen größer als du. Er steht
auf seinen mächtigen vier Beinen. Sein langer
Schwanz wedelt langsam hin und her – auch seine
großen Ohren und sein Rüssel bewegen sich leicht.

Du kannst seine graue, runzelige Haut sehen und die
kleinen Härchen, die auf der Haut wachsen.

Er schaut dich freundlich an und du kannst noch
näher an ihn herantreten.

Er hat wunderschöne große bernsteinfarbene Augen
mit kleinen Sprenkeln drin.

Wenn du magst, kannst du deine Hand ausstrecken
und ihn ganz sanft an seinem Rüssel streicheln.

Du kannst spüren, dass er deine Berührung genießt.
Spüre die runzelige Haut unter deinen Fingern.

Ganz langsam geht der Elefant vorne auf die Knie und
du kannst auf seinen starken Nacken hinter den Kopf
klettern.
Es ist ganz leicht.

Sobald du oben bist, stellt sich der Elefant wieder hin.
Du bist hier ganz sicher.

Mach es dir auf deinem Elefanten richtig gemütlich. Wenn du magst, kannst du dich auch auf den großen Rücken legen. Alles ist möglich.

Dein Elefant setzt sich ganz langsam in Bewegung und ihr reitet durch die wunderschöne Savannenland-schaft,
vorbei an den anderen Tieren, die weiterhin friedlich grasen,
vorbei an den Bäumen
und durch den Fluss in Richtung der Berge.

Du kannst das sanfte Schaukeln wahrnehmen.
Du wirst getragen.
Es fühlt sich einfach nur wunderbar an.

Gemeinsam reitet ihr die sanften Hügel und Berge hinauf.

[längere Pause]

Dein Elefant und du – ihr seid auf einer Anhöhe ange-kommen. Von hier aus erstreckt sich die gesamte Savanne vor euch aus.
Du kannst den Fluss, die Graslandschaft, die Bäume und die anderen Tiere erkennen.

Dein Elefant legt sich halb auf den Boden und schaut dich wieder an. Auch du kannst dich auf den Boden setzen und dich bequem an deinen Elefanten anleh-nen.

Spüre einmal zum Atem deines Elefanten
und spüre die Stärke und die Sanftheit, die von ihm
ausgeht.
Lass dich auf deinen Elefanten ein und spüre, welche
Eigenschaft er dir zeigen möchte.

[längere Pause]

Es wird nun langsam Zeit zurückzukehren. Du sitzt
oberhalb der Savanne an deinen Elefanten gelehnt.
Du kannst dich nun langsam von ihm lösen und wieder aufstehen.

Du stehst vor deinem Elefanten. Er kniet sich vor dir
hin und du kannst auf seinen Rücken klettern.

Behutsam steht er auf und macht sich auf den Weg
zum Fluss.

Dieses Mal reitet ihr etwas schneller und du kannst
den Wind in deinem Gesicht und deinem Haar spüren.

Ihr seid am Fluss angekommen und du kletterst herunter.

Dein Elefant schaut dich erneut mit seinen wunderschönen, bernsteinfarbenen Augen an. Wenn du
magst, kannst du ihn erneut streicheln und dich bei
ihm für das Erlebnis bedanken.

Wir sind nun am Ende unserer Reise.

Reise ins Regenbogenland

Wir unternehmen nun eine kleine Phantasiereise.
Stell dir einmal vor, du stehst an einem wunderschönen Strand. Die Sonne scheint. Es ist wunderbar
warm.

Die Sonne kann deine Haut wärmen.
Es weht ein leichter, warmer Wind.
Auch der Wind kann deine Haut berühren.
Vielleicht kannst du das leichte Streicheln des Windes
auf deiner Haut spüren.

Spüre das.

Du kannst auf den Strand schauen. Der Strand ist sehr
groß. Er verliert sich links und rechts am Horizont.

Am Strand lassen Kinder bunte Drachen steigen.
Die Drachen sind unterschiedlich groß.
Unten am Boden schwirren kleine, bunte Drehräder
durch die Luft.
Am Himmel schwirren kleine rechteckige mit fröhlichen Gesichtern.
Es gibt Drachen in Form von Tieren: Frösche, Marienkäfer, Pferde und weiteren Phantasiefiguren.
Und weiter oben am Himmel fliegen die großen
Lenkdrachen.

Ein herrlicher Anblick.

Du kannst ein Stück am Strand entlang gehen.
Der Wind lässt die Drachen in alle Richtungen durch
die Luft wirbeln.
Die bunten Farben sind klar zu erkennen vor dem
strahlend blauen Himmel.
Alle Farben des Regenbogens.

Wenn du magst, kannst du weiter Richtung Wasser
gehen.

Vielleicht magst du auch deine Schuhe ausziehen und
am oder im Wasser entlang gehen.

Du gehst am Meer entlang und es wird ruhiger am
Strand.

Du kannst auf das Meer schauen –
auf das weite, blaue Meer.
Die Wellen rollen heran und laufen am Strand aus.

Ganz wunderbar und friedlich.

Du kannst nun stehen bleiben.

In einiger Entfernung kannst du eine Insel im Meer
erkennen.
Eine wunderschöne, kleine Insel.
Schau sie dir genau an.

Von der Insel schimmert ein buntes Leuchten zu dir
herüber.

Das Leuchten wird stärker und du kannst erkennen, dass sich von der Insel ein schmaler langer Teppich in bunten Farben über das Wasser ausrollt.

Er rollt bis vor deine Füße.

Der Teppich ist in allen Farben des Regenbogens und bildet eine stabile Brücke von dir zur Insel.

Wenn du magst, kannst du die Regenbogenbrücke betreten und zur Insel gehen.

Du bist nun auf der Insel angekommen.

Es ist die Insel deiner Träume.
Ein ruhiger, friedlicher und wunderschöner Ort.

Schau dich einmal um, was du entdecken kannst.
Vielleicht ist dort ebenfalls ein Strand.
Vielleicht ist dort ein Wald mit vielen Bäumen.
Oder eine Wiese.
Oder Berge.
Oder ein freies Feld mit viel Sicht.

Vielleicht ist es ein Ort, den du bereits kennst.

Alles ist möglich im Regenbogenland.
Schau dich in aller Ruhe um.

Vielleicht bist du dort alleine.
Vielleicht sind dort auch andere liebe Menschen oder dein Lieblingstier.

Suche dir einen gemütlichen Platz zum Sitzen –
eine Bank, ein Baumstamm, den Boden oder etwas
ganz anderes.

Mache es dir nun bequem und lasse dein Land auf
dich wirken.

[längere Pause]

Es wird nun langsam Zeit zurückzukehren. Schau dich
noch einmal um in deinem Land. Du kannst die Bilder
in deinem Herzen mitnehmen.

Du kannst nun über die Brücke an den Strand gehen.

Die Sonne scheint und wärmt dich.

Der Wind streichelt deine Haut.

Vielleicht spürst du Spritzer vom Wasser auf deiner
Haut.

Du bist nun wieder am Strand angekommen.

Du gehst am Strand entlang und siehst die Kinder mit
den bunten Drachen.
Ein herrliches Bild.

Wir sind nun am Ende unserer kleinen Reise.
Es wird nun Zeit wieder ganz zurück zu kommen.
Zurück in diesen Raum.

Du kannst deinen Körper spüren.
Er sitzt/liegt hier ganz ruhig auf der Matte.

Spüre noch einmal in deinen Herzraum und lasse die
Bilder von deinem Regenbogenland dort auftauchen.

Du kannst sie jederzeit wieder anschauen –
auch im Alltag.

Atme ganz tief in deinen Herzraum hinein und
komme vollständig zurück in den Raum.

Texte zum Zurückkommen

Gib deinen Teilnehmer*innen genügend Raum und Zeit nach einer Entspannung und Meditation zurück in den Raum zu kommen.

Von meinen Meditationen und aus meiner eigenen Yoga-praxis weiß ich, dass die Teil-nehmer*innen unterschiedlich lange benötigen, um aus

Nimm die Ent-spannung mit in den Alltag.

einem entspannten, meditativen Zustand zu-rück ins Alltagsbewusstsein zu gelangen.

In diesem Kapitel findest du zwei Texte, um ein bewusstes und sanftes Zurückkommen in den Tag anzuleiten. Nach einer langen Entspannung bzw. Meditation kann dieser Teil gerne drei bis fünf Minuten in Anspruch nehmen.

Deine Teilnehmer*innen werden es dir danken.

Zurück in den Raum kommen I

Es wird nun Zeit zurückzukehren.

Zurück in den Raum.

Nimm deinen Körper wahr.
Du sitzt oder liegst hier auf deinem Platz im Raum.

Du füllst deinen Körper wieder vollständig aus.

Nimm den Boden unter deinem Körper wahr.

Fühle deine Füße und deine Hände.
Bewege sie sanft und vorsichtig.
Du kannst deine Handgelenke drehen
und sie beleben.

Atme tief ein.
Spüre die Energie, die deinen Körper weiter belebt.

Atme noch ein paar Mal tief ein und öffne dann deine
Augen.

Zurück in den Raum kommen II

Es wird nun Zeit zurückzukommen.

Zurück in diesen Raum.

Auf deine Matte, auf der du sitzt oder liegst.

Nimm den Boden unter dir wahr.

Spüre deine Füße und deine Beine auf dem Boden.

Spüre deinen ganzen Körper.
Du füllst ihn nun wieder ganz aus.

Spüre zu deinem Atem.
Er fließt ganz ruhig und gleichmäßig.
Dein Atem schenkt dir Energie.

Nimm deine Hände und deine Füße wahr.

Bewege nun ganz langsam deine Finger und deine
Zehen.
Bewege deine Hände – und deine Handgelenke.

Nun atme ganz tief ein.
Nimm ganz tiefe Atemzüge.

Und wenn du so weit bist, öffne deine Augen und sei
wieder voll und ganz da.

Abschluss und Danksagung

Ich wünsche dir beim Verwenden der Texte viel Freude und leuchtende Augen bei deinen Teilnehmer-innen. Herzlichen Dank für dein Vertrauen.

Das Titelbild des Buchs entstand auf unserer Reise nach Indien im Jahr 2007. Wir sind dort mit einer kleinen Gruppe auf den Patalsu gestiegen – ein 4.484m hoher Berg im Himalaya. Eins der ganz besonderen Erlebnisse meines Lebens. Diese Erfahrung inspirierte mich auch zu der Anleitung für die *Reise in den Himalaya* (siehe Seite 67).

Ich möchte mich ganz herzlich bei meinen Meditationslehrer René Lecoutre aus Berlin bedanken. Dank dir habe ich diese Reise in die Welt der Meditation vertieft und intensiv erlebt.

Außerdem bedanke ich mich ebenfalls sehr herzlich bei meinen Yogalehrer-innen für die tägliche Inspiration: Michael Sander, Lothar Wester, Maren Brandt sowie meinen lieben Kolleg-innen meiner Yogalehrerausbildung – ganz besonders bei Judith Hillemeyer für das Lektorat dieses Buches.

Ganz besonders bedanke ich mich bei meinem Mann Philipp, dass er es mir ermöglicht, meine Träume zu verwirklichen und bei meinen Kindern, dass ihr meinen Lebensweg begleitet und bereichert. Ich liebe euch.

Über ein Feedback sowie Rückmeldungen zur Verwendung der Texte freue ich mich natürlich.

Besucht mich gerne im Internet: www.w-in-flow.de sowie in den sozialen Medien.